Titel der englischen Originalausgabe: The Children's Illustrated Bible
© 2012 Anno Domini Publishing
Book House, Orchard Mews, 18 High Street, Tring, Herts., HP23 5AH England
www.ad-publishing.com
Text: © 2012 Marion Thomas
Illustrationen: © 2012 Frank Endersby

Ins Deutsche übertragen von Dr. Maria Zettner
Lektorat: Irmtraut Fröse-Schreer
Deutsche Ausgabe: © 2015 Brunnen Verlag,
Gottlieb-Daimler-Str. 22, 35398 Gießen
www.brunnen-verlag.de
Satz: DTP Brunnen
Gedruckt in Singapur
ISBN 978-3-7655-6737-7

Die Kinderbibel

Marion Thomas und Frank Endersby

Inhalt

Eine schöne Welt 8
Alles wird anders 10
Kain und Abel 12
Die Arche und der Regenbogen 14
Abrahams neues Zuhause 16
Fremde Besucher 18
Jakob und Esau 20
Jakobs Familie 22
Josef und seine Brüder 24
Josef in Ägypten 26
Die Prinzessin und das Baby 28
Gott spricht zu Mose 30
Zehn furchtbare Plagen 32
Flucht aus Ägypten 34
Mose auf dem Berg 36
Das Gelobte Land 38
Die Mauern von Jericho 40
Ein König für Israel 42
David besiegt Goliat 44
Der weise König Salomo 46
Elia und Ahab 48
Der Wettstreit 50
Naaman wird geheilt 52
Jona und das tiefe Meer 54
Drei Männer im Feuer 56
Daniel bei den Löwen 58
Jesus wird geboren 60
Ein Stern zeigt den Weg 62

Johannes der Täufer 64
Jesus sucht sich Freunde 66
Worauf es ankommt 68
Vom Beten 70
Vier gute Freunde 72
Stürmische See 74
Wieder lebendig! 76
Der barmherzige Samariter 78
Das verlorene Schaf 80
Ein Blinder kann wieder sehen 82
Jesus und Zachäus 84
Jesus kommt nach Jerusalem 86
Das letzte Abendmahl 88
Judas verrät Jesus 90
Petrus verleugnet Jesus 92
Jesus stirbt am Kreuz 94
Jesus lebt! 96
Thomas kann es nicht glauben 98
Jesus vergibt Petrus 100
Jesus kehrt zu seinem Vater zurück 102
Die Kraft des Heiligen Geistes 104
Das Wunder am Tempeltor 106
Im Gefängnis 108
Stephanus 110
Der äthiopische Finanzminister 112
Saulus trifft Jesus 114
Die Vision 116
Flucht aus dem Gefängnis 118
Paulus und Silas 120
Schiffbruch 122
Johannes in Patmos 124

Eine schöne Welt

Genesis 1,1-31

Ganz am Anfang gab es nur Gott.

Die Welt war dunkel, aber Gott machte sie strahlend hell. Gott schuf das Land mit seinen Meeren, Seen und Flüssen. Gott gab dem Land Berge und Täler. Bäume und Sträucher, eine bunte Vielfalt an Farben und Formen und süße Düfte machten alles noch schöner. Gott setzte die Himmelskörper an ihren Platz: Am Tag schien die Sonne und nachts gab der Mond sein silbernes Licht.

Gott füllte die Bäche, Meere und Seen mit Geschöpfen, die sich im Wasser wohlfühlen, und am Himmel flogen Vögel und Insekten. Auf dem Land schuf Gott die unterschiedlichsten Tiere, die hüpften und sprangen, rannten und schlichen. Manche von ihnen hatten ein dickes Fell, andere Stacheln oder eine glatte Haut. Gott fand es gut, dass sie verschieden und einzigartig waren. Schließlich schuf Gott die Menschen. Er segnete sie und alle anderen Geschöpfe. Und er gab ihnen den Auftrag, Kinder zu bekommen und die Erde mit Leben zu erfüllen.

Gott freute sich über alles, was er geschaffen hatte. Dann ruhte er sich aus.

Alles wird anders

Genesis 3,1-24

Gott mochte die Welt, die er erschaffen hatte. Er war auch gern mit den Menschen, Adam und Eva, zusammen. Sie waren ihm ähnlich, denn sie konnten denken, fühlen und lieben. Außerdem waren sie neugierig auf alles, was es in der Welt zu entdecken gab.

Doch dann wurden sie zu neugierig. Gott hatte ihnen erlaubt, von allen Pflanzen zu essen, die in ihrem Garten wuchsen. Nur die Früchte von einem bestimmten Baum sollten sie auf keinen Fall anrühren. Aber gerade auf diese Früchte bekamen sie besonders große Lust.

„Probier doch mal!", flüsterte eine Schlange Eva zu. „Lass sie dir schmecken."

Eva pflückte eine Frucht und biss hinein. Die Frucht schmeckte sehr gut. Da gab Eva auch Adam davon ab.

Und plötzlich war alles anders: Adam und Eva merkten, dass sie einen ganz großen Fehler gemacht hatten. Bisher hatten sie so glücklich und unbeschwert gelebt, nun waren sie traurig. Sie hatten sich sicher gefühlt, nun fürchteten sie sich und wollten sich verstecken. Sie hatten sich geborgen gefühlt, jetzt fühlten sie sich schuldig und schämten sich.

Gott wusste, was sie getan hatten. Auch für ihn war jetzt alles anders. Seine schöne Welt war nun nicht mehr dieselbe.

Kain und Abel

Genesis 4,1-16

Adam und Eva bekamen Söhne: Kain und Abel. Kain bestellte das Land und Abel hütete die Schafe und Ziegen.

Dann kam die Zeit, Gott dafür zu danken, dass er ihnen eine gute Ernte und viele neue Tierkinder geschenkt hatte. Abel schenkte Gott seine besten Lämmer, Kain brachte ein paar Feldfrüchte zum Altar. Gott schien sich über Abels Geschenk mehr zu freuen. Das machte Kain wütend.

„Nimm dich in Acht", sagte Gott zu Kain. „Warum bist du wütend? Wut verwandelt sich in Hass und Hass führt zu schlimmen Dingen."

Kain hörte nicht auf Gott. Er ging mit Abel

aufs Feld. Dort wartete er auf den rechten Moment und erschlug Abel.

„Wo ist dein Bruder?", fragte Gott Kain.

„Das weiß ich nicht", antwortete Kain. „Bin ich vielleicht sein Aufpasser?"

Kains Wut hatte sich in Hass verwandelt und dieser Hass hatte zu einer Katastrophe geführt. Schließlich log Kain sogar Gott an – aber er konnte Gott nicht täuschen.

Kain musste das Land verlassen. Damit bestrafte Gott ihn dafür, dass er seinen Bruder Abel getötet hatte. Adam und Eva hatten beide Söhne verloren. Doch später bekamen sie noch einen Sohn. Den nannten sie Seth.

Die Arche und der Regenbogen

Genesis 6,9 - 9,17

Noah war schon ziemlich alt. Er wohnte weit entfernt vom Meer. Trotzdem baute er ein riesengroßes Schiff, mitten auf dem Land, über eine lange Zeit. Endlich war das Schiff fertig.

Nun kamen die Tiere – nicht nur Kamele, Ziegen, Esel und Gazellen, sondern auch Löwen und Leoparden, Giraffen, Tiger und Flamingos. Sie alle strömten durch die große Tür in den Bauch des Schiffes, bis sie sich hinter ihnen schloss.

Da fing es an zu regnen, dicke, schwere Tropfen. Die Bäche schwollen zu Flüssen an und die Flüsse sammelten sich zu einer Wasserflut, die das Land immer tiefer unter sich begrub.

Noah, seine Familie und die Tiere waren sicher in ihrem großen Schiff. Noah hatte diese Arche gebaut, weil Gott es ihm gesagt hatte. Gott hatte die Flut angekündigt. Und nun schwamm die Arche sicher auf dem Wasser, das immer weiter stieg, bis selbst die höchsten Baumwipfel darunter verschwanden.

Endlich hörte es auf zu regnen. Doch das Wasser fiel nur langsam. Familie Noah und die Tiere blieben in der Arche, bis sich wieder trockenes Land zeigte und Gott ihnen sagte, sie könnten das Schiff verlassen.

Noah öffnete die Tür in eine neue Welt. Sie war hell und klar, wie ein warmer Frühlingsmorgen. Die Tiere rannten und hoppelten, sprangen und flatterten aus der Arche und suchten sich ein neues Zuhause.

Noah schaute zum Himmel, an den Gott einen bunten Regenbogen gemalt hatte.

„Danke", sagte Noah zu Gott. „Danke, dass du auf uns aufgepasst hast. Danke, dass wir noch einmal neu anfangen dürfen."

Abrahams neues Zuhause

Genesis 12. 13

Gott hatte etwas Besonderes mit Abraham vor. Abraham sollte
eine große Familie gründen: Gottes Volk. Gott sagte zu Abraham:
„Geh von zu Hause fort. Ich will dich in ein anderes Land führen, wo
es dir und deinen Nachkommen sehr gut gehen soll."

Abraham hatte keine Ahnung, wohin er ziehen sollte und was ihn
dort erwarten würde. Aber er vertraute Gott und verließ sich auf ihn.
So lud Abraham sein ganzes Hab und Gut auf Kamele. Er nahm seine
Frau Sara, seinen Neffen Lot und alle, die für ihn arbeiteten, mit –
und natürlich die großen Schaf- und Ziegenherden. Nachts ruhten sie
aus, bis sie endlich das Land Kanaan erreichten.

Lot nahm seine Schafe und Ziegen und zog in das Land am Fluss
Jordan. Dort fanden seine Tiere genügend Weideland. Abraham
schaute sich nach einem anderen Gebiet um.

„Das ganze Land, das vor dir liegt, wird dir und deiner Familie gehören", sagte Gott. „Ich werde dir so viele Nachkommen schenken, dass man sie nicht mehr zählen kann – wie die Sandkörner in der Wüste. Deine Familie wird ein großes Volk sein."

Abraham errichtete einen Altar und dankte Gott für sein Versprechen. Dann schlug er unter einigen Bäumen sein Lager auf.

Fremde Besucher

Genesis 18,1-15. 21,1-6

Abraham und Sara wurden alt, doch sie hatten immer noch keine Kinder. Wie sollten sie denn bloß die Stammeltern eines großen Volkes werden?

„Vertrau mir, Abraham", sagte Gott. „Schau hinauf zum Himmel. Deine Nachkommen werden so zahlreich sein wie die Sterne, die du dort siehst."

Abraham schaute zu den Sternen hoch – und er glaubte Gott.

Kurz darauf besuchten drei Männer Abraham.

„Ruht euch ein wenig aus", sagte Abraham. „Ich will euch zu essen geben. Setzt euch in den Schatten und seid meine Gäste." Sara briet Fleisch und Abraham holte Milch und Joghurt.

„In einem Jahr werden wir dich wieder besuchen", sagten die Fremden. „Dann wird deine Frau Sara einen kleinen Sohn stillen."

Sara hörte vom Zelt aus zu und musste lachen. Inzwischen war sie doch viel zu alt, um noch ein Kind zu bekommen!

Doch bald wusste Sara, dass die Fremden die Wahrheit gesagt hatten, denn sie wurde schwanger. Und bevor das Jahr vergangen war, brachte Sara einen Sohn zur Welt. Den nannten sie Isaak.

Abraham hatte auf Gott vertraut – und Gott hatte sein Versprechen gehalten.

Jakob und Esau

Genesis 24. 27,1 - 28,5

Als Isaak erwachsen war, suchte Abraham eine Frau für ihn aus: Rebekka. Sie war schön und warmherzig und Isaak liebte sie sehr. Bald brachte Rebekka Zwillinge zur Welt, Esau und Jakob.

Esau wurde ein guter und geschickter Jäger. Er war Isaaks Liebling. Eines Tages kam Esau müde und hungrig von der Jagd nach Hause. Schon von Weitem roch er den leckeren Linseneintopf, den Jakob gerade kochte.

„Gib mir etwas davon", verlangte Esau.

„Aber nur, wenn du mir dafür Vaters Segen überlässt", erwiderte Jakob hastig.

„Du kannst alles haben, was du willst, wenn du mir nur etwas zu essen gibst.", sagte Esau.

Einige Jahre später rief Isaak Esau zu sich.

„Ich bin alt und fast blind. Ich werde bald sterben", sagte Isaak. „Geh für mich auf die Jagd und bereite mir noch einmal mein Lieblingsgericht zu. Danach will ich dir meinen Segen geben."

Rebekka hatte die beiden belauscht. Sofort rief sie Jakob.

„Zieh dir schnell Kleidung von Esau an", sagte sie. „Inzwischen bereite ich ein leckeres Fleischgericht für deinen Vater zu."

Rebekka band Jakob Tierfelle um seine Arme und den nackten Hals. Jetzt roch er wie Esau und fühlte sich auch so an. Als Jakob seinem Vater sein Lieblingsessen brachte, hielt Isaak ihn für Esau und gab ihm seinen Segen.

Doch bald flog der Schwindel auf. Isaak war entsetzt, dass Jakob ihn so getäuscht hatte, und Esau war wütend, weil sein Bruder den Segen des Vaters bekommen hatte. Deshalb musste Jakob fliehen. Er lief in die Wüste und wollte bei seinem Onkel Laban unterkommen.

Jakobs Familie

Genesis 29 - 31

Jakob war schon fast bei seinem Onkel Laban angekommen, da traf er eine Frau, in die er sich sofort verliebte. Rahel hütete die Schafe ihres Vaters. Sie war Labans jüngere Tochter und sehr schön.

Jakob arbeitete fleißig für seinen Onkel. Dafür durfte er bei ihm wohnen. Gott ließ alles gelingen, was Jakob tat. Als Laban seinen Neffen fragte, wie er ihn für seine Arbeit belohnen könne, sagte Jakob: „Gib mir Rahel zur Frau."

Laban war einverstanden.

Die Hochzeit wurde gefeiert. Jakob war überglücklich, als er seine verschleierte Frau sah. Nachts legten sie sich in ihr dunkles Zelt. Doch als Jakob am nächsten Morgen aufwachte, lag nicht Rahel neben ihm, sondern ihre ältere Schwester Lea. Laban hatte Jakob sehr geschickt getäuscht. Wütend stellte Jakob seinen Onkel zur Rede.

„Reg dich nicht auf!", sagte Laban. „Bei uns ist es Brauch, dass die Ältere zuerst heiratet. Aber wenn du noch einmal sieben Jahre für mich arbeitest, werde ich dir auch Rahel zur Frau geben."

So geschah es. Bald hatte Jakob eine große Familie. Mit ihr wollte er eines Tages wieder in seine Heimat zurückkehren. Laban gefiel das gar nicht. Er wollte, dass Jakob blieb, und fragte ihn, wie er seinen Schwiegersohn belohnen könne.

„Gar nicht", antwortete Jakob. „Wenn du mir eine Bedingung erfüllst, will ich weiter deine Ziegen und Schafe hüten. Lass mich durch deine Herden gehen und alle Schafe und Ziegen aussondern, die gefleckt oder gescheckt

sind, und dazu noch alle dunklen Schafe. Sie sollen mein Lohn sein."

Laban willigte ein, versteckte dann aber alle diese Schafe.

Doch auch diesmal half Gott Jakob weiter. Bald hatte er einen Weg gefunden, schwarz-weiße Schafe zu züchten. Als seine Herde groß genug war, ging er heimlich fort – mit seinen Frauen, zwölf Kindern und großen Herden von schwarz-weißen Schafen und Ziegen.

Josef und seine Brüder

Genesis 37,1-36

Jakob liebte alle seine Kinder, aber am liebsten hatte er Josef. Als Jakob ihm einen schönen bunten Mantel schenkte, murrten Josefs Brüder. Warum wurde Josef so vorgezogen? Womit hatte er das verdient?

Josef erzählte seinen Brüdern von seinen Träumen. Darin spielte er immer eine besondere Rolle. Im Traum war Josef der Größte, den seine Brüder und sogar seine Eltern bewunderten.

Es wurde Zeit, etwas gegen Josef zu unternehmen. Seine Brüder schmiedeten einen Plan, um ihn loszuwerden. Als sie die Schafe ihres Vaters auf weit entfernten Weiden hüteten, besuchte Josef sie. Da packten ihn die Brüder und warfen ihn in einen tiefen, ausgetrockneten Brunnen. Sie stritten, was sie später mit ihm machen sollten, als eine Karawane von Kaufleuten vorüberzog. Das brachte die Brüder auf eine Idee: Sie verkauften Josef an die Händler.

Während Josef als Sklave nach Ägypten gebracht wurde, weinte Jakob bitterlich um ihn. Seine Söhne hatten ihm erzählt, Josef sei von wilden Tieren getötet worden.

Josef in Ägypten

Genesis 39,1 - 47,12

Josef wurde an Potifar verkauft. Zwar gefiel ihm das Leben als Sklave nicht, aber er arbeitete trotzdem fleißig und zuverlässig. Potifar war sehr zufrieden mit Josef und behandelte ihn gut. Doch Potifars Frau verbreitete schlimme Lügen über Josef und sorgte dafür, dass er ins Gefängnis kam. Aber auch dort arbeitete Josef zuverlässig und fleißig. Gott beschützte ihn und sorgte dafür, dass Josef Gefangenenaufseher wurde. Als eines Tages der Mundschenk und der Bäcker des Pharao ins Gefängnis kamen, erklärte Josef ihnen mit Gottes Hilfe, was ihre Träume zu bedeuten hatten. „Vergiss mich nicht!", sagte Josef zu dem Mundschenk, der bald freikam – so wie Josef es ihm aus seinem Traum vorhergesagt hatte.

Doch der Mundschenk dachte erst nach zwei Jahren wieder an Josef, als der Pharao schlimme Träume hatte, die niemand ihm erklären konnte. Der Pharao ließ Josef aus dem Gefängnis holen.

„Sag mir, was meine Träume bedeuten!", befahl er. Mit Gottes Hilfe erklärte Josef, dass es bald sieben Jahre mit sehr guten Ernten geben würde, dann aber sieben Jahre ohne Ernten. Der Pharao war beeindruckt und gab Josef einen wichtigen Regierungsposten. Josef sorgte dafür, dass Korn gelagert wurde, um in den sieben schlimmen Jahren genug Vorräte für die hungernden Menschen zu haben.

Bald kamen Josefs Brüder nach Ägypten, um Getreide zu kaufen. Josef spürte, wie sehr er seine Familie liebte. Er holte sie alle zu sich nach Ägypten.

„Ihr wolltet mir schaden, und jetzt hat Gott alles zum Guten geführt", sagte er zu seinen Brüdern. „Ich bin euch nicht mehr böse. Holt unseren Vater und zieht alle hierher!"

Die Prinzessin und das Baby

Exodus 2,1-10

Die Israeliten fühlten sich in Ägypten zu Hause und wurden ein großes Volk. Doch dann regierte ein neuer Pharao, dem das nicht gefiel.

Der Pharao beschloss, die Israeliten zu seinen Sklaven zu machen. Jahrein, jahraus arbeiteten sie hart für ihn. Sie wurden ungerecht und brutal behandelt, aber trotzdem wuchs ihr Volk immer weiter an. Da dachte sich der Pharao etwas Neues aus: Alle Jungen, die von Israelitinnen zur Welt gebracht wurden, sollten im Nil ertränkt werden.

Als Miriam einen kleinen Bruder bekam, versteckte ihre Mutter ihn vor den Soldaten. Dann flocht sie einen Korb und machte ihn wasserdicht. Sie legte das Baby hinein. Miriam ging mit ihrer Mutter ans Ufer des Flusses Nil. Dort versteckten sie den Korb im Schilf.

„Bleib hier und behalte das Körbchen im Auge, Miriam", sagte die Mutter.

Miriam beobachtete, wie die ägyptische Prinzessin zum Baden an den Fluss kam.

„Seht dort, das Körbchen!", hörte Miriam sie rufen. „Bring es mir sofort!"

Ihre Sklavin gehorchte.

Die Prinzessin öffnete den Korb und blickte in das Gesicht von Miriams kleinem Bruder. Sie lächelte gerührt, als das Baby anfing zu weinen.

„Das ist eins von den israelitischen Babys", sagte sie.

„Soll ich jemanden suchen, der das Baby für dich stillt?", fragte Miriam, die schnell herbeigelaufen war.

Miriam holte ihre Mutter. Sie sorgte nun für ihren Sohn, bis er groß genug war, um bei der Prinzessin im Palast zu wohnen. Die Prinzessin nannte ihn Mose.

Gott spricht zu Mose

Exodus 3,1-22

Als Mose erwachsen war, ging er fort aus Ägypten und lebte in der Wüste Midian. Dort heiratete er und hütete die Viehherden seines Schwiegervaters.

Eines Tages führte Mose Schafe und Ziegen auf den Berg Horeb. Plötzlich blieb er wie angewurzelt stehen. In einiger Entfernung sah er einen Busch, der lichterloh zu brennen schien. Doch obwohl er in Flammen stand, verbrannte der Busch nicht.

„Mose!", rief eine Stimme aus dem brennenden Busch.

„Hier bin ich", antwortete Mose.

„Komm nicht näher und zieh deine Schuhe aus", sagte die Stimme. „Du stehst auf heiligem Boden. Ich bin der Gott deiner Vorfahren Abraham, Isaak und Jakob."

Mose hielt sich die Hände vors Gesicht. Er fürchtete sich.

Da sprach Gott: „Mein Volk leidet Qualen in Ägypten und ruft um Hilfe zu mir. Geh du für mich zum Pharao und sag ihm, er soll mein Volk wegziehen lassen. Ich führe es dann in ein neues Land, wo es in Frieden und Freiheit leben kann."

„Aber ich bin doch aus Ägypten geflohen", sagte Mose, dem immer banger wurde. „Warum sollte der Pharao auf mich hören?"

„Ich werde bei dir sein und dir helfen", sagte Gott. „Nimm auch deinen Bruder Aaron mit. Und wenn ihr mein Volk aus Ägypten fortbringt, dann werden euch die Ägypter noch Gold und Silber schenken, damit ihr endlich verschwindet."

Zehn furchtbare Plagen

Exodus 7,14 - 12,32

Mose zitterte, als er vor dem Pharao, dem großen König von Ägypten, stand. Doch gemeinsam mit Aaron richtete er ihm Gottes Botschaft aus:

„Lass Gottes Volk ziehen!"

„Aber wer ist dieser Gott?", entgegnete der König. „Warum sollte ich auf einen Gott hören, den ich nicht kenne?"

Und weil der Pharao nicht hören wollte, wurde ganz Ägypten mit zehn schrecklichen Plagen bestraft.

Das Wasser des Nils färbte sich rot wie Blut. Schwärme

von Fröschen, Fliegen und Mücken fielen über das Land her. Tiere und Menschen bekamen schlimme Hautkrankheiten. Hagelschauer vernichteten die Ernten, Heuschrecken fraßen das restliche Getreide. Drei Tage lang war es stockfinster im Land. Doch die zehnte und letzte Plage war die schlimmste: Alle erstgeborenen Söhne der Ägypter und auch ihrer Tiere starben in einer einzigen Nacht. Auch der Pharao hielt seinen toten Sohn im Arm. Ein letztes Mal sprach er mit Mose und schrie:

„Verschwinde endlich aus meinem Land! Nimm Gottes Volk und lasst euch hier nie wieder blicken!"

Flucht aus Ägypten

Exodus 12,31 - 14,31

Die Israeliten waren reisefertig, so wie Gott es ihnen aufgetragen hatte. Mit gepackten Sachen hatten sie in dieser grausamen Nacht ihr letztes Essen in Ägypten zu sich genommen: das Passahmahl. Sie hatten ihre Türen mit dem Blut von Lämmern gekennzeichnet, sodass ihre Häuser beschützt wurden und niemand darin sterben musste.

Gott führte sie aus Ägypten fort. Bei Tag ging er in einer Wolkensäule vor ihnen her und bei Nacht wies er ihnen durch eine Feuersäule den Weg.

Sie waren noch nicht lange unterwegs, als der Pharao es sich wieder anders überlegte. Er folgte den Israeliten mit vielen Soldaten in ihren schweren Streitwagen. Bald bemerkten die Israeliten die riesige Staubwolke, die von den Streitwagen aufgewirbelt wurde. Vor Gottes Volk lag das Schilfmeer, hinter ihnen zog die feindliche Armee auf. Sie saßen in der Falle!

Mose glaubte fest daran, dass Gott ihnen helfen würde. Gott befahl Mose, seinen Stab über dem Meer auszustrecken – und in dem Moment bildete sich ein Pfad mitten durchs Meer, auf dem die Menschen trockenen Fußes zum anderen Ufer gehen konnten. Ein Wunder war geschehen!

Als die Ägypter mit ihren Streitwagen das Ufer erreichten, wollten sie den Israeliten nachjagen. Da hob Mose noch einmal seinen Stab. Die Wassermassen flossen zurück und begruben die ägyptischen Wagen unter tosenden Wellen.

Mose auf dem Berg

Exodus 19. 20

Mose führte Gottes Volk durch die Wüste. Wenn die Menschen Hunger bekamen, gab ihnen Gott zu essen. Wenn sie Durst hatten, zeigte Gott ihnen, wo sie Wasser finden konnten.

Nach einiger Zeit kamen sie an einen Berg in der Wüste Sinai. Mose stieg auf den Gipfel, während das Volk am Fuß des Berges sein Lager aufschlug. Von fern hörten die Israeliten ein Donnergrollen. Blitze zuckten am Himmel. Mose aber war in eine dichte Wolke gehüllt und sie konnten ihn nicht sehen.

Auf dem Gipfel gab Gott Mose zwei Steintafeln mit den Zehn Geboten. Sie sollten den Menschen helfen, so zu leben, wie es Gott gefällt:

„Ich bin euer Gott, der euch aus der Sklaverei befreit hat. Ihr sollt keine anderen Götter außer mir haben und euch keine Götzenbilder machen.

Sagt meinen Namen nur, wenn ihr zu mir betet.

Sechs Tage sollt ihr arbeiten, aber am siebten Tag ist Gottes gesegneter Ruhetag.

Liebt eure Eltern und haltet sie in Ehren.

Tötet niemanden.

Liebt euren Ehepartner und seid ihm treu.

Bestehlt niemanden.

Erzählt keine Lügen über andere.

Seid nicht neidisch."

Das Gelobte Land

Josua 2,1 - 3,17

Mose führte Gottes Volk viele Jahre lang. Bevor er starb, wählte er Josua zu seinem Nachfolger. Mit ihm sollte das Volk endlich in das Land einziehen, das Gott ihnen versprochen hatte.

„Sei unbesorgt", sagte Gott zu Josua. „Ich werde immer bei dir sein."

Als Erstes schickte Josua zwei Spione in die Stadt Jericho.

„Die Leute dort haben schon Angst vor uns", berichteten sie Josua. „Eine Frau namens Rahab erzählte uns, dass die Einwohner der Stadt wissen, wie fest Gott zu uns hält. Sie hat uns bei der Flucht geholfen, als

Soldaten des Königs uns verhaften wollten. Wir haben ihr versprochen, sie zu retten, wenn wir die Stadt erobern."

Da erklärte Josua dem Volk, was Gott ihm aufgetragen hatte: Die Priester, die die Bundeslade mit den Zehn Geboten trugen, sollten in den Fluss Jordan steigen. Sobald ihre Füße das Ufer berührten, floss kein Wasser mehr nach und vor ihnen tat sich ein breiter Pfad auf. Das ganze Volk Gottes, das so zahlreich war wie die Sterne am Himmel, durchquerte trockenen Fußes den Jordan.

„Gott ist uns vorangegangen", sagte Josua. „Er hat uns durch den Fluss geführt. Jetzt wird er uns auch sicher ins Gelobte Land bringen."

Die Mauern von Jericho

Josua 6,1-20

Voller Angst und Zweifel stand das Volk Gottes vor der hohen Stadtmauer Jerichos. Ihre Tore waren verschlossen. Niemand gelangte in die Stadt hinein, niemand kam heraus.

„Die Mauern sind sehr stark", sagte Josua. „Aber Gott wird sie einstürzen lassen. Wartet nur ab. Wenn wir Gott gehorchen, wird es gelingen."

Dann schickte Josua Soldaten um die Stadt herum. Sieben Priester mit Widderhörnern als Trompeten folgten ihnen. Daran schlossen sich die Priester mit der Bundeslade und den Zehn Geboten an. Den Abschluss bildeten weitere Soldaten. Sechs Tage hintereinander marschierten sie so um die Stadt. Die Einwohner hinter der Stadtmauer beobachteten diesen merkwürdigen Menschenauflauf und warteten ab, was sich dort weiter tun würde.

Am siebten Tag liefen die Priester siebenmal um die Stadtmauer herum. Sie bliesen in ihre Trompeten und das Volk schrie aus Leibeskräften dazu. Dieser ohrenbetäubende Lärm ließ die Mauern von Jericho ins Schwanken geraten und schließlich stürzten sie in sich zusammen.

Die Israeliten fanden Rahab mit ihrer Familie und retteten sie, so, wie sie es versprochen hatten. Endlich konnte Gottes Volk im Land Kanaan wohnen.

Ein König für Israel

1. Samuel 8,4-22. 9,1 - 10,24

Schon als kleiner Junge war Samuel ins Heiligtum, das Haus Gottes, gekommen. Wenn Gott zu ihm sprach, hörte Samuel zu. Und Gottes Volk hörte auf das, was Samuel sagte.

Jetzt war Samuel ein alter Mann. Die Menschen machten sich Sorgen.

„Wir wollen einen König haben", sagten sie zu Samuel, „so wie alle anderen Völker auch."

„Aber wir sind doch nicht wie die anderen Völker", beschwerte sich Samuel bei Gott. „Du bist unser König. Auf dich sollten die Israeliten hören und nicht auf irgendeinen weltlichen Herrscher."

Doch Gott erhörte die Menschen und suchte ihnen einen König aus.

Saul war groß und sah gut aus. Als Samuel ihn das erste Mal traf, war Saul gerade auf der Suche nach den Eseln seines Vaters.

„Vergiss die Esel", begrüßte Samuel ihn. „Sie sind in Sicherheit. Aber Gott möchte dich als König für sein Volk haben."

„Aber ich bin doch gar nichts Besonderes!", entgegnete Saul. „Warum sagst du so etwas?"

„Ich werde dich mit Öl salben und Gott wird dir die Kraft geben, die du als Anführer seines Volkes brauchst", erwiderte Samuel.

Es kam die Zeit, dass Samuel dem Volk seinen König Saul vorstellen wollte. Samuel rief das Volk zusammen. Doch Saul war nirgendwo zu finden.

„Er versteckt sich zwischen den Gepäckstücken", verriet Gott Samuel.

Die Leute fanden Saul und brachten ihn vor die versammelten Menschen. Sie sahen, dass er groß und gut aussehend war, und freuten sich, ihn als König zu haben.

David besiegt Goliat

1. Samuel 17,4-50

David hatte sieben ältere Brüder. Sie alle waren groß und stark, aber keiner war so mutig wie David. Keiner vertraute so sehr auf Gott wie er.

Als der Riese Goliat Gottes Volk zum Kampf herausforderte, waren es nicht Davids Brüder, die sich ihm entgegenstellten. Nicht einmal König Saul traute sich, gegen Goliat anzutreten. Nur David wollte es wagen, mit dem Riesen zu kämpfen.

König Saul bot dem kleinen Hirtenjungen seine Rüstung an. Doch sie war viel zu schwer und zu groß für ihn. Auch das Schwert des Königs konnte David kaum heben.

Wenn David auf den Feldern ganz allein die Schafe seines Vaters hütete, verjagte er wilde Tiere wie Löwen und Bären mit seiner Steinschleuder. Er fürchtete sich nicht, weil er wusste, dass Gott immer gut auf ihn achtgab. Und so trat der kleine David mutig, nur mit seiner Schleuder und fünf glatten Steinen bewaffnet vor den Riesen.

Goliat hatte sich mit einer schweren Rüstung und einem langen Schwert gewappnet. Als er den kleinen Hirtenjungen auf sich zukommen sah, lachte er David aus.

Doch David legte einen Stein in seine Schleuder und zielte genau auf Goliats Stirn. Der Stein traf und der Riese fiel sofort tot um.

Gott hatte David beigestanden und ihm geholfen, Goliat zu besiegen.

Der weise König Salomo

1. Könige 3,5-28. 6-8

Davids Sohn Salomo war ein guter Mensch. Als David starb, wurde Salomo König über Gottes Volk. Eines Nachts fragte Gott ihn in einem Traum:

„Was wünschst du dir, Salomo? Ich gebe dir alles, was du willst."

„Du hast mir schon so viel geschenkt", antwortete Salomo. „Aber ich bin noch jung. Ich brauche Hilfe, um gut regieren zu können. Schenk mir Weisheit, damit ich deinem Volk ein guter König sein kann, der es klug und gerecht regiert." Über diesen Wunsch freute sich Gott und er erfüllte ihn gern.

„Hilf mir!", verlangte eines Tages eine Frau von Salomo. „Die Frau dort hat mir mein Baby gestohlen!"

„Nein, mir musst du helfen!", schrie die andere Frau. „Das Baby gehört mir!"

Da befahl Salomo seinem Diener:

„Nimm dein Schwert und teile das Kind in zwei Hälften. Dann sind beide Frauen zufrieden."

„Nein!", rief die eine. „Tut dem Kind nichts! Lieber verzichte ich auf mein Baby, als dass ihm ein Leid zugefügt wird."

„Sie ist die richtige Mutter", sagte Salomo. „Gebt ihr das Kind."

Der König wusste, dass eine liebende Mutter ihrem Kind niemals schaden würde.

Gott hatte Salomo Weisheit geschenkt, die er sich gewünscht hatte. Und er schenkte ihm außerdem ein langes Leben und Reichtum. Salomo baute einen prächtigen Tempel für Gott, damit das ganze Volk ihn dort anbeten konnte. Alle Völker der Umgebung erkannten, dass Salomo von Gott gesegnet war.

Elia und Ahab

1. Könige 17,1-16

König Ahab war ein schlechter König. Er sorgte nicht für sein Volk und hielt nicht zu Gott.

„Mein Gott, der auch der deine ist, schickt mich mit einer Botschaft", sagte der Prophet Elia zu König Ahab. „Gott wird es nicht mehr regnen lassen, bis du aufhörst, falsche Götter anzubeten."

Da wurde Ahab sehr wütend. Elia nahm die Beine in die Hand und floh.

Gott zeigte ihm ein sicheres Versteck, wo die Soldaten des Königs ihn nicht aufspüren konnten. Dort fand Elia in einem Bach frisches Wasser zu trinken. Und Raben versorgten den Propheten jeden Morgen und jeden Abend mit Nahrung.

Als der Bach austrocknete, schickte Gott Elia zu einer Witwe. Sie hatte selbst nur noch Zutaten für ein einziges Brot. Doch sie teilte es mit Elia, und danach gingen das Mehl und das Öl in ihren Krügen niemals aus.

So sorgte Gott für Elia, die Witwe und deren Sohn. Jeden Tag dankten sie Gott dafür, dass sie genug zu essen hatten.

Der Wettstreit
1. Könige 18,16-45

Drei Jahre hatte es nicht mehr geregnet. Das Land war staubtrocken, die Flüsse führten kein Wasser mehr. Keine einzige Wolke zog über den strahlend blauen Himmel. Tag für Tag brannte die Sonne herab.

Es wurde Zeit für einen weiteren Besuch bei König Ahab. Elia forderte ihn auf, die Menschen auf dem Berg Karmel zu versammeln.

„Ihr müsst euch entscheiden", sagte Elia dem Volk. „Wollt ihr euren Götzen Baal anbeten oder lasst ihr euch davon überzeugen, dass nur der einzig wahre Gott eure Gebete erhört?"

Elia rief die Menschen zu einem Wettstreit auf. Die Propheten des falschen Gottes Baal sollten einen Altar errichten und Baal bitten, Feuer vom Himmel zu schicken, um das Opfertier darauf zu verbrennen. Danach wollte Elia seinen Gott um Feuer anrufen.

Die Propheten beteten den ganzen Tag lautstark ihren Gott Baal an. Nichts geschah.

Da goss Elia Wasser über seinen Altar, um die Aufgabe zu erschweren. Dann betete der Prophet. Er zweifelte nicht daran, dass Gott, der drei Jahre lang für ihn gesorgt hatte, allen zeigen würde, dass er der wahre Gott ist.

Und wirklich: Feuer fiel vom Himmel auf Elias Altar herab. Es verzehrte nicht nur den Altar, sondern sogar das Wasser in dem Graben, den Elia darum gezogen hatte. Als die Menschen das sahen, fielen sie auf die Knie. Sie erkannten, dass Elias Gott der einzig wahre war. Von da an glaubten sie an ihn.

Dann zogen erste Wolken auf – und Gott ließ es endlich wieder regnen.

Naaman wird geheilt

2. Könige 5,1-19

Jeden Tag spürte das kleine Mädchen, das Dienerin in Naamans Haus war, wie bedrückt ihre Herrin wirkte. Es spürte auch, wie traurig ihr Herr war. Ach, wenn sie doch nur helfen könnte!

„Mein Herr sollte zu Gottes Propheten gehen", sagte sie. „Mein Gott könnte ihn von seiner Hautkrankheit heilen."

Naaman war der Oberbefehlshaber der Armee des Königs von Aram. Er bat den König um einen Empfehlungsbrief, um den Propheten in Israel zu besuchen. Mit vielen kostbaren Geschenken machte sich Naaman auf den Weg zu Elisa. Der Prophet wollte Naaman mit Gottes Hilfe heilen.

Elisa schickte einen Boten mit der folgenden Nachricht zu Naaman, der vor seinem Haus stand: „Tauche siebenmal im Fluss Jordan unter, dann wird deine Haut vollständig geheilt sein."

Naaman ärgerte sich, weil Elisa es offenbar nicht für nötig hielt, selbst zu ihm zu kommen. Und dann riet der Prophet ihm auch noch, in einem schmutzigen, stinkenden Fluss zu baden! Am liebsten wäre Naaman sofort abgereist.

Aber sein Diener überredete ihn, es doch wenigstens mit dem Jordan zu versuchen.

Also tauchte Naaman siebenmal im Fluss unter. Und danach konnte er kaum glauben, was er sah: Seine Haut war wieder ganz gesund.

„Jetzt weiß ich, dass der Gott Israels der einzig wahre Gott ist", sagte er.

Jona und das tiefe Meer

Jona 1,1 - 2,10

„Jona", sprach Gott eines Tages, „du sollst nach Ninive gehen. Sag den Menschen dort, sie sollen aufhören, Böses zu tun. Sie müssen endlich ihr Leben ändern."

Jona wusste Bescheid über die bösen Menschen von Ninive. Deshalb wollte er nicht dorthin. Lieber bestieg er ein Schiff in die entgegengesetzte Richtung. Jona wollte sich aus dem Staub machen.

Unterwegs kam plötzlich ein Sturm auf. Hohe Wellen donnerten über die Bordwände und das Schiff wurde wie eine Nussschale umhergeworfen. Jona lag unter Deck und schlief.

„Wach auf, Jona!", riefen die verängstigten Seeleute. „Bete, dass dein Gott uns rettet!"

Doch Jona wusste, dass er schuld an dem Sturm war. Schließlich lief er ja vor Gott davon.

„Werft mich ins Meer!", schrie Jona den Seeleuten zu. „Dann seid ihr sicher. Es ist alles meine Schuld."

Und so warfen die Seeleute Jona in die tosenden Wellen. Tiefer und tiefer sank er hinab – bis Gott einen großen Fisch schickte, der Jona verschlang.

Drei Tage und drei Nächte lang saß Jona in dem Fisch und betete zu Gott. Gott erhörte seine Gebete und befahl dem Fisch, Jona an den Strand zu spucken.

Drei Männer im Feuer

Daniel 3,1-28

Schadrach, Meschach und Abed Nego waren nach Babylon verschleppt worden. Weit fort von zu Hause mussten sie sich fremden Gewohnheiten anpassen und eine neue Sprache lernen. Aber sie weigerten sich, eine riesige goldene Statue anzubeten, wie es König Nebukadnezar verlangte.

„Es gibt nur einen wahren Gott", erklärten sie dem König. „Und nur den beten wir an."

Da befahl der König seinen Soldaten, die drei in einen Feuerofen zu werfen, der siebenmal heißer als sonst angeheizt werden sollte.

Doch die Flammen konnten Schadrach, Meschach und Abed Nego nichts anhaben. Gott schickte ihnen einen Engel, der sie beschützte. Völlig unversehrt stiegen die Männer wieder aus dem Ofen.

„Euer Gott ist wirklich der einzig wahre Gott!", staunte der König. „Er hat die Macht, Menschen zu retten!"

Daniel bei den Löwen

Daniel 6,1-28

Daniel lebte in Babylon. Schon einige Könige hatten erkannt, wie ehrlich und fleißig er war. Auch König Darius übertrug Daniel große Verantwortung.

Doch nicht allen gefiel es, dass der König Daniel vertraute und ihm so viel Macht gab. Manche waren neidisch und wollten Daniel vernichten.

„Ich weiß, wie wir Daniel loswerden können", sagte einer von ihnen. „Daniel tut nie etwas Falsches, weil er nur auf seinen Gott vertraut. Und genau das können wir gegen ihn nutzen."

Die Männer überredeten König Darius, ein neues Gesetz zu erlassen: Ab sofort sollten alle seine Untergebenen nur noch ihn, den König, anbeten – und niemanden sonst. Jeder, der es wagte, gegen dieses Gesetz zu verstoßen, sollte den Löwen vorgeworfen werden.

Als Daniel davon erfuhr, tat er, was er immer tat: Er betete wie gewohnt dreimal am Tag zu Gott.

Daniels Feinde rieben sich die Hände. Sie erzählten König Darius, dass Daniel sein Gesetz übertreten hatte, und Darius musste ihn in die Löwengrube werfen lassen.

Am nächsten Morgen lief der König noch vor Tagesanbruch zu den Löwen.

„Hat dein Gott dich beschützt, Daniel?", rief er.

„Ja, mein König!", antwortete Daniel. „Ich bin gerettet!"

Sofort ließ Darius Daniel aus der Grube holen. Und der König machte ein neues Gesetz: Jeder in seinem Reich sollte Daniels Gott anbeten, der so mächtig war, dass er einen Menschen sogar vor ausgehungerten Löwen beschützen konnte.

Jesus wird geboren

Lukas 1,26-38. 2,1-20

Gott hatte seinem Volk schon vor langer Zeit einen Retter, den Messias, versprochen. Und eines Nachts wurde in Bethlehem, der Heimatstadt König Davids, ein kleiner Junge geboren.

Er kam in einem einfachen Stall zur Welt. Maria, seine Mutter, legte das Kind in eine Futterkrippe.

„Du sollst Jesus heißen", flüsterte Maria. Sie dachte an den Besuch des Engels Gabriel vor neun Monaten zurück. Gabriel hatte ihr angekündigt: „Gott hat Großes mit dir vor. Du wirst ein Kind zur Welt bringen. Es ist Gottes Sohn, der Messias. Und du sollst ihn Jesus nennen."

Auf den Feldern vor Bethlehem hüteten in dieser Nacht Hirten ihre Schafe. Plötzlich wurde es taghell und der Himmel war voller Engel. Sie verkündeten den Hirten: „Heute ist euch der Heiland geboren, der Retter der Welt! Ihr findet ihn in Windeln gewickelt in einer Futterkrippe."

Die Hirten liefen sofort los und fanden Maria und Josef mit dem neugeborenen Jesus im Stall. Da knieten die Hirten vor dem Kind in der Krippe nieder und beteten es an.

Ein Stern zeigt den Weg

Matthäus 2,1-12

Weit entfernt im Osten beobachteten weise Männer den Lauf der Sterne am Himmel.

Plötzlich entdeckten sie etwas sehr Ungewöhnliches: Da gab es einen hellen Stern, den sie noch niemals zuvor bemerkt hatten.

„Das ist ein Zeichen", waren sie sich einig. „Dem jüdischen Volk wurde ein neuer König geboren."

Sie beschlossen, den neugeborenen König zu besuchen. Die weisen Männer bereiteten sich auf eine lange Reise vor. Sie nahmen viele kostbare Geschenke mit. Meistens reisten sie nachts, wenn sie den hellen Stern, der ihnen den Weg zeigte, am deutlichsten erkennen konnten.

Als die drei Weisen nach Jerusalem kamen, fragten sie im Palast von König Herodes, wo sie den König der Juden finden könnten. Herodes fürchtete, dass ein anderer König ihm in die Quere kommen könnte. Er schmiedete einen hinterlistigen Plan.

„Bei den Propheten steht, dass der neue König in Bethlehem zur Welt kommen soll", antwortete Herodes den drei Reisenden, nachdem er mit seinen Beratern gesprochen hatte. „Geht dorthin und sagt mir auf dem Rückweg Bescheid, wo ich ihn finde, damit ich ihn auch anbeten kann."

Die drei Männer machten sich wieder auf den Weg und der helle Stern führte sie nach Bethlehem. Dort fanden sie Maria und ihr Baby. Die Weisen schenkten Jesus Gold, Weihrauch und Myrrhe und beteten ihn an.

Im einem Traum wurden sie gewarnt, Herodes nicht zu verraten, wo sie Jesus gefunden hatten. Deshalb nahmen die drei Gelehrten einen anderen Weg nach Hause.

Johannes der Täufer

Lukas 3,1-22. 4,1-13

Johannes wurde „der Täufer" genannt. Von überallher kamen Menschen zu ihm, damit er sie im Fluss Jordan taufte.

Johannes sah wild und seltsam aus, aber die Leute hörten ihm gut zu. Sie wollten ihr Leben ändern. Und sie wollten Gott um Verzeihung für alles Böse bitten, das sie getan hatten.

„Sagt Gott, dass es euch leidtut. Ändert euer Leben. Seid freundlich, nicht böse, seid großzügig, nicht geizig, seid ehrlich, betrügt niemanden. Bald wird Gott uns den Retter schicken, den er versprochen hat. Macht euch bereit für ihn!", rief Johannes den Menschen zu.

Eines Tages kam ein Mann an den Fluss. Johannes wusste sofort, dass es Jesus war.

„Ich will, dass du mich taufst", sagte Jesus.

„Warum kommst du zu mir, um dich taufen zu lassen?", entgegnete Johannes. „Du hast doch nichts Unrechtes getan. Eigentlich müsstest du mich von meinen Sünden reinwaschen."

„Gott will es so", sagte Jesus. Also taufte Johannes Jesus im Jordan. Er tauchte Jesus unter, und als er wieder aus dem Wasser auftauchte, hörte Johannes eine Stimme aus dem Himmel rufen: „Dies ist mein geliebter Sohn!"

Nach seiner Taufe wollte Jesus eine Zeit lang für sich sein, um nachzudenken und zu beten. Er ging in die Wüste und aß vierzig Tage lang nichts. In dieser Zeit versuchte der Teufel mit allen Mitteln, Jesus gegen Gott aufzubringen. Aber Jesus hörte nicht auf den Teufel und widerstand allen seinen verlockenden Angeboten.

Jesus sucht sich Freunde

Lukas 5,1-11

Jesus hielt sich in Kapernaum auf. Er kannte viele der Fischer am See Genezareth. Petrus reparierte gerade mit seinem Bruder Andreas seine Netze, als Jesus eines Tages zu ihnen kam.

„Könnt ihr mich aufs Wasser hinausfahren, damit ich von dort aus zu den Leuten sprechen kann?", fragte Jesus sie.

Petrus und Andreas schoben das Boot auf den See. Mit den vielen Menschen am Ufer hörten sie zu, als Jesus davon sprach, wie sehr Gott sie liebte.

„Lasst uns weiter hinausfahren und fischen gehen", schlug Jesus später vor.

„Wir haben aber schon die ganze Nacht gefischt und nichts gefangen", erklärte Petrus.

Trotzdem warfen sie ihr Netz aus. Die erfahrenen Fischer trauten ihren Augen nicht, als sie es kurz darauf wieder einholen wollten: Es war zum Bersten mit Fischen gefüllt.

„Schnell!", rief Petrus seinen Freunden Jakobus und Johannes zu. „Kommt und helft uns!"

Mit vereinten Kräften zogen die vier Fischer das Netz ein.

Petrus warf sich vor Jesus auf die Knie, denn er konnte kaum fassen, was geschehen war.

„Hab keine Angst, Petrus", sagte Jesus. „Komm mit mir, dann wirst du ein Menschenfischer werden!"

Petrus und Andreas, Jakobus und Johannes ließen an diesem Tag alles zurück, um von nun an mit Jesus zu gehen. Sie waren die ersten von zwölf Männern, die man „Jünger" nennt – die engsten Freunde, die Jesus sich aussuchte.

Worauf es ankommt

Lukas 6,27-38; Matthäus 6,25-34. 10,29-31

Die Menschen folgten Jesus überallhin. Eines Tages versammelte er seine Anhänger um sich auf einem freien Platz am Fuße eines Berges.

„Ihr wisst, dass man niemanden töten darf", sagte Jesus. „Aber es ist fast genauso schlimm, jemanden zu hassen. Urteilt nicht zu streng über andere. Seid freundlich zu ihnen. Vertragt euch wieder, wenn ihr gestritten habt. Bemüht euch, andere Menschen zu lieben, auch wenn ihr sie nicht mögt.

Ihr wisst, dass man nicht stehlen darf. Aber es ist fast genauso schlimm, neidisch auf andere zu sein, weil sie etwas haben, das man zwar selbst nicht hat, aber gerne hätte.

Sorgt euch nicht darum, was ihr essen oder anziehen sollt. Es gibt Wichtigeres im Leben. Gott kümmert sich um die Vögel und gibt ihnen genug zu essen; er schenkt den Blumen wunderschöne Blüten. Wenn ihr euch ständig Sorgen macht, werdet ihr davon nicht schöner oder gesünder. Gott hat euch lieb. Er kennt euch ganz genau. Vertraut auf ihn. Er sorgt schon dafür, dass ihr alles habt, was ihr braucht."

Die Menschen kannten die Gebote Gottes und sie hatten von den religiösen Führern Regeln erklärt bekommen, nach denen sie sich richten sollten. Doch was Jesus lehrte, war ganz anders und viel leichter zu verstehen. Er sagte: Setzt Gott an die erste Stelle und geht liebevoll miteinander um – dann wird euer Leben gelingen.

Vom Beten

Matthäus 6,1-5

„Seid großzügig zu den Menschen, die eure Hilfe brauchen", sagte Jesus. „Aber prahlt nicht damit. Tut es im Stillen, sodass nur Gott es weiß.

Seid beim Beten aufrichtig. Stellt euch nicht in den Mittelpunkt, wo alle euch sehen können, und betet keine leeren Worthülsen. Sprecht einfach und ehrlich mit Gott, wenn ihr mit ihm allein seid. Sagt ihm, dass ihr ihn liebt und an ihn glaubt, und erzählt ihm alles, was euch wichtig ist. Ihr braucht keine langen, komplizierten Reden zu halten. Gott weiß schon, was ihr auf dem Herzen habt. Betet so:

Unser Vater im Himmel,
geheiligt werde dein Name.
Dein Reich komme,
dein Wille geschehe,
wie im Himmel so auf Erden.
Unser tägliches Brot gib uns heute
und vergib uns unsere Schuld,
wie auch wir vergeben unseren Schuldigern.
Und führe uns nicht in Versuchung,
sondern erlöse uns von dem Bösen.
Denn dein ist das Reich und die Kraft
und die Herrlichkeit in Ewigkeit. Amen."

Jesus sprach weiter: „Seid nicht nachtragend. Wie könnt ihr erwarten, dass Gott euch verzeiht, wenn ihr nicht demjenigen verzeihen könnt, der euch Unrecht getan hat? Seid so großzügig, wie Gott es ist. Verzeiht einander."

Vier gute Freunde

Lukas 5,18-26

Als sich Jesus in Kapernaum aufhielt, wollten sich viele Menschen von ihm heilen lassen. Auch die religiösen Führer, die sich Pharisäer nannten, und andere Gesetzeslehrer wollten hören, was Jesus zu sagen hatte. Das Haus, in dem er sprach, war voller Menschen.

Draußen mühten sich ein paar Männer mit einer Trage ab, auf der ihr Freund lag. Er konnte weder gehen noch sitzen. Die Freunde glaubten fest, dass Jesus ihm helfen könnte. Aber sie kamen einfach nicht mehr in das überfüllte Haus.

„Ich hab eine Idee", sagte einer von ihnen. „Lasst uns aufs Dach steigen."

Die Männer kletterten die Treppe am Haus hinauf. Sie scharrten ein Loch in das Flachdach und ließen ihren Freund vorsichtig auf seiner Trage hinunter in das Zimmer, in dem Jesus redete.

Jesus erkannte, wie sehr sie ihm vertrauten und an ihn glaubten. Er sagte zu dem Mann auf der Trage: „Mein Freund, deine Sünden sind dir vergeben."

Die Pharisäer und Gesetzeslehrer begannen zu murren.

„Wie kann er so etwas sagen? Nur Gott kann Sünden vergeben."

Jesus wusste, was sie dachten.

„Was ist leichter: zu sagen ‚Deine Sünden sind dir vergeben' oder ‚Steh auf und geh'?" Ohne eine Antwort abzuwarten wandte sich Jesus wieder dem gelähmten Mann zu und sagte:

„Steh auf! Nimm deine Matte und geh!"

Jesus hatte den Mann geheilt. Und gleichzeitig bewies er, dass er die Macht hatte, Sünden zu vergeben. Genauso wie Gott.

Stürmische See

Lukas 8,22-25

Jesus musste sich ein wenig ausruhen. Den ganzen Tag über waren Leute um ihn herum gewesen, die von ihren Krankheiten geheilt werden oder von Gottes Liebe hören wollten. Nun brauchte er selbst etwas Abstand.

Jesus stieg in das Boot seiner Freunde, legte sich hin und schlief ein.

Die Freunde steuerten das Boot in die Mitte des Sees. Da fuhr plötzlich eine heftige Windbö in die Segel und peitschte die Wellen auf. Im Handumdrehen war das Wetter umgeschlagen und ein heftiger Sturm wütete. Nicht alle Jünger waren Fischer. Sie hatten Angst, das Boot könnte kentern und sie würden ertrinken.

„Meister, hilf uns!", riefen sie Jesus zu.

Jesus öffnete die Augen. Er blickte in die erschrockenen Gesichter seiner Freunde. Dann stellte er sich in das heftig schaukelnde Boot.

„Seid ruhig!", sagte er zu dem Wind und den Wellen.

Sofort legte sich der Sturm. Die Jünger waren sprachlos. Wie schaffte es Jesus, dass selbst der Wind und die Wellen ihm gehorchten?

Wieder lebendig!

Lukas 8,40-55

Als Jesus wieder ans Ufer kam, warteten dort schon viele Leute auf ihn. Einer schien besonders aufgeregt: Jairus.

„Komm bitte schnell!", bat er Jesus. „Meine Tochter ist schwer krank. Und sie ist doch erst zwölf!"

Jesus folgte Jairus durch die Menge, doch plötzlich blieb er stehen.

„Jemand hat mich angefasst", sagte Jesus. „Wer war das?"

Überall drängten sich die Menschen. Wie sollte man da herausfinden, wer Jesus berührt hatte? Schließlich meldete sich eine Frau.

„Ich wusste, dass du mich gesund machen kannst, wenn ich dich berühre", sagte sie.

Jesus nahm ihre Hand und sagte: „Dein Glaube hat dich gesund gemacht." Glücklich lief die Frau nach Hause.

Kurz darauf kamen zwei Diener des Jairus und sagten: „Jesus braucht nicht mehr zu kommen. Deine Tochter ist gestorben." Jairus schlug die Hände vors Gesicht. Doch Jesus nahm ihn beim Arm und schob ihn durch die Menge.

„Sie schläft nur", sagte Jesus. „Vertrau mir."

Zusammen mit Petrus, Johannes und Jakobus ging er in Jairus' Haus. Dort lag das Mädchen bewegungslos in seinem Zimmer.

Jesus nahm es bei der Hand und sagte: „Steh auf, Kind!" Das Mädchen begann wieder zu atmen, öffnete die Augen und stand auf. „Gebt eurer Tochter etwas zu essen", sagte Jesus zu den glücklichen Eltern.

Der barmherzige Samariter

Lukas 10,25-37

„Ich weiß, wie man in den Himmel kommt", sagte einmal ein Mann zu Jesus. „Man muss Gott von ganzem Herzen lieben – und auch seinen Mitmenschen, so wie sich selbst. Aber verrate mir doch: Wer ist denn mein Mitmensch?"

„Ich werde dir eine Geschichte erzählen", erwiderte Jesus.

„Auf dem Weg von Jerusalem nach Jericho wurde ein Mann auf einer einsamen Straße überfallen. Die Räuber nahmen ihm sein Geld weg und ließen ihn schwer verletzt liegen.

Da kam ein Priester des Wegs. Er sah den Schwerverletzten, ging aber einfach weiter. Kurz darauf kam ein Tempeldiener. Auch er half nicht. Schließlich ritt ein Mann aus Samarien vorüber. Mit den Samaritern wollte niemand etwas zu tun haben. Aber darüber dachte der Samariter nicht nach. Er stieg von seinem Esel und versorgte die Wunden des Überfallenen. Dann half er ihm auf seinen Esel und brachte ihn zu einem Gasthaus. Dem Wirt gab der Samariter Geld, damit er sich um den Schwerverletzten kümmerte und ihn gesund pflegte.

Sicher weißt du, wer wie ein guter Mitmensch gehandelt hat, so, wie es Gott gefällt", sagte Jesus am Ende. „Und genauso sollst du es auch machen."

Das verlorene Schaf

Lukas 15,4-7

Jesus nahm sich Zeit für alle, die zu ihm kamen: Männer, Frauen, Kinder, sogar für die verhassten Steuereinnehmer. Einigen der religiösen Führer war das ein Dorn im Auge. Die Pharisäer achteten streng darauf, dass alle Gesetze und Regeln eingehalten wurden. Mit Menschen, die sich nicht genau daran hielten, wollten sie nichts zu tun haben. Jesus fand eine solche Einstellung falsch.

Mit einer Geschichte erklärte er, warum.

„Stellt euch vor, ihr hättet hundert Schafe", sagte er. „Eines Tages zählt ihr nach und es sind nur neunundneunzig. Wo ist das eine wohl geblieben? Ist euch das egal? Schlaft ihr in dieser Nacht gut, weil euch das verlorene Schaf nicht wichtig ist?

Nein! Ihr lasst die anderen Schafe gut behütet auf der Weide zurück und sucht überall nach dem, das sich verirrt hat. Wenn ihr es dann gefunden habt, bringt ihr es nach Hause und erzählt allen euren Freunden davon.

Genauso geht es Gott mit den Menschen, die er erschaffen hat. Im Himmel freut man sich mehr über einen einzelnen Menschen, der Gottes Hilfe annimmt, als über neunundneunzig Menschen, die glauben, sie hätten Gott nicht nötig."

Ein Blinder kann wieder sehen

Lukas 18,35-43

Bartimäus war blind. Tag für Tag saß er am Straßenrand und hoffte, dass jemand eine Münze in seine Bettelschale warf. An manchen Tagen hatte er Glück und konnte sich abends etwas zu essen kaufen. An anderen Tagen aber musste er hungrig schlafen gehen.

Heute war alles irgendwie anders. Bartimäus hörte eine Menschenmenge, die sich von fern näherte. Bald erkannte er, dass all die Aufregung Jesus galt. Der Mann, der Menschen gesund machte, kam nach Jericho!

„Jesus, Sohn Davids!", rief Bartimäus laut.

„Sei doch still!", mahnte jemand. „Lass Jesus in Ruhe."

Aber Bartimäus rief nur noch lauter: „Jesus, bitte hilf mir!"

Wieder schimpften die Umstehenden mit dem blinden Bettler.

Die Menge machte zwar viel Lärm, aber Jesus hörte Bartimäus trotzdem.

„Lasst diesen Mann durch!", rief Jesus.

„Jesus will dich sehen!", sagte jemand zu Bartimäus. „Komm, beeil dich!"

Bartimäus warf seinen Mantel ab und stand auf. Er tastete sich zwischen den Leuten hindurch, bis er bei Jesus war.

„Wie kann ich dir helfen?", fragte eine freundliche Stimme.

„Herr, ich möchte sehen können!", antwortete Bartimäus.

„Das wirst du auch", sagte Jesus. „Du vertraust mir und ich werde dir helfen."

Bartimäus spürte, wie die Dunkelheit, die ihn sein Leben lang umgeben hatte, sich auflöste. Er schaute in lauter lächelnde Gesichter. Er konnte sehen!

Bartimäus lobte Gott von ganzem Herzen und folgte Jesus nach.

Jesus und Zachäus

Lukas 19,1-10

Zachäus hatte gehört, dass Jesus in der Stadt war, und wollte ihn unbedingt sehen.
   Zachäus war ein Steuereinnehmer. Er war sehr reich, aber niemand konnte ihn leiden. Alle wussten, dass er sie betrog. Deshalb ließ ihn auch keiner durch, als er versuchte, sich vor die Menschenmenge zu drängeln. Weil Zachäus aber sehr klein war, konnte er nicht über die anderen hinweggucken.
   Am Straßenrand stand ein Feigenbaum. Einige Äste hingen tief herunter. Zachäus kletterte hinauf. Bald saß er hoch in der Baumkrone und konnte sehen, wie Jesus die Straße entlangkam. Als er den Feigenbaum, auf dem Zachäus saß, erreichte, blieb Jesus stehen und schaute hinauf.

„Steig herab, Zachäus", sagte Jesus. „Ich will dich in deinem Haus besuchen."

Zachäus kletterte so schnell vom Baum hinunter, dass die Blätter nur so flogen. Jesus wollte ihn besuchen!

Zachäus hatte jetzt einen neuen Freund und plötzlich war alles anders.

„Ich will meinen Besitz mit den Armen teilen", versprach er Jesus. „Und wen ich betrogen habe, dem zahle ich alles zurück. Ich gebe das Vierfache von dem, was ich schuldig bin!"

Jesus freute sich. Aber die Pharisäer regten sich sehr darüber auf, dass er sich mit Steuereinnehmern abgab.

„Für Menschen wie Zachäus bin ich auf die Welt gekommen", stellte Jesus klar. „Ich will denen helfen, die wissen, dass sie Hilfe brauchen."

Jesus kommt nach Jerusalem

Markus 11,1-11

Es war die Zeit des Passahfestes. Aus allen Richtungen strömten die Menschen nach Jerusalem, um dort zu feiern.
 Auch Jesus und seine Freunde hatten sich auf den Weg gemacht.

„Geht in das Dorf dort", sagte Jesus zu zweien seiner Freunde. „Dort findet ihr ein Eselfohlen. Bindet es los und bringt es zu mir. Wenn ihr gefragt werdet, sagt einfach, ich brauche es für eine Weile."

Die beiden Jünger fanden den kleinen Esel, wie Jesus es gesagt hatte, und sie banden ihn los.

„Was macht ihr da?", fragte jemand.

„Jesus braucht den Esel", antworteten sie. „Aber wir bringen ihn bald zurück."

Jesus stieg auf den Esel und ritt darauf in die Stadt hinein. Alle seine Freunde begleiteten ihn und noch viele andere folgten ihm. Menschen breiteten ihre Mäntel vor Jesus auf dem Weg aus. Andere legten Palmzweige auf den Boden.

„Hier kommt er, der uns retten wird!", jubelten sie.

„Es ist Jesus, unser König!"

„Gelobt sei Jesus, den Gott uns geschickt hat!"

Das letzte Abendmahl

Matthäus 26,17-29

Judas war unzufrieden und enttäuscht. Er hatte an Jesus geglaubt, aber manchmal verstand er ihn einfach nicht. Judas beschloss, zu den religiösen Führern zu gehen, die sich schon lange über Jesus ärgerten und ihn loswerden wollten. Judas verriet ihnen, wo sie Jesus am besten gefangen nehmen könnten. Dafür zahlten die Pharisäer ihm dreißig Silbermünzen.

Jesus wusste, was Judas getan hatte.

Es wurde Zeit für Jesus und seine Freunde, das Passahmahl miteinander zu essen. Jesus band sich ein Handtuch um, nahm eine Schüssel Wasser und wollte seinen Freunden die Füße waschen.

„Das kannst du doch nicht machen!", rief Petrus aus. „Das ist etwas für Dienstboten!"

„Petrus, Petrus, ihr müsst alle lernen, einander zu dienen", erwiderte Jesus. „Wenn ihr euch um

andere kümmert, so wie ich es jetzt mit euch tue, dann beweist ihr damit, wie lieb ihr mich habt."

Beim Essen sprach Jesus den Segen über Brot und Wein. Er teilte beides mit seinen Freunden und sagte: „Das ist mein Leib, der für euch gebrochen wird. Das ist mein Blut, das für euch vergossen wird. Denkt immer an mich, wenn ihr Brot esst und Wein trinkt."

Jesus wusste, dass es ihr letztes gemeinsames Essen vor seinem Tod sein würde.

Judas verrät Jesus

Matthäus 26,36-57

An diesem Abend ging Jesus mit seinen Freunden in den Garten Gethsemane. Nur Judas war nicht dabei.

Jesus bat Petrus, Jakobus und Johannes, mit ihm wach zu bleiben, während er betete. Er wusste, dass er Gottes Beistand für die schwere Aufgabe brauchte, die vor ihm lag.

„Vater, hilf mir. Ich weiß, dass ich leiden muss, damit meine Freunde und alle Menschen gerettet werden, aber vielleicht gibt es ja doch noch einen anderen Weg ... Bitte, hilf mir dabei, deinen Willen zu tun."

Als Jesus zu seinen Freunden zurückkam, schliefen sie tief und fest. Jesus weckte sie.

Plötzlich bemerkten sie flackerndes Licht hinter den Olivenbäumen. Soldaten kamen mit Schwertern und Knüppeln auf sie zu. An ihrer Spitze ging Judas.

„Den, dem ich einen Kuss gebe, den müsst ihr verhaften", flüsterte Judas.

Er ging auf Jesus zu und küsste ihn. Sofort traten die Soldaten vor und nahmen Jesus gefangen. Als Petrus das sah, griff er sein Schwert und schlug einem der Soldaten das Ohr ab. Jesus befahl ihm, das Schwert wieder einzustecken, und er heilte das Ohr des Soldaten. Dann führten die Soldaten Jesus ab.

Petrus verleugnet Jesus

Matthäus 26,57-75

Als Jesus abgeführt wurde, folgte Petrus ihm heimlich. Er beobachtete, wie man Jesus zum Verhör mit den jüdischen Führern brachte. Dann setzte Petrus sich mit an das Feuer, um das sich einige Menschen im Hof versammelt hatten.

Er dachte zurück an die letzten Stunden und Tage. Was war nur seit dem großartigen Empfang geschehen, den die Menschen Jesus in Jerusalem bereitet hatten? Was hatte Jesus bloß falsch gemacht?

„Warst du nicht bei Jesus?", unterbrach eine vorwurfsvolle Stimme Petrus' Gedanken.

„Nein, ich kenne ihn nicht", erwiderte Petrus hastig.

„Aber ich bin mir ganz sicher, dass ich dich bei ihm gesehen habe", sagte ein Zweiter.

„Nein! Ich kenne den Mann wirklich nicht!", rief Petrus.

Kurz vor dem Morgengrauen wurde Petrus noch einmal angesprochen.

„Du hast den gleichen Akzent wie dieser Jesus. Du kommst doch auch aus Galiläa, oder?"

„Ich habe es doch gesagt: Ich kenne Jesus nicht!", schwor Petrus.

In dem Moment krähte der Hahn. Und Petrus dachte daran, was Jesus gesagt hatte: „Ehe der Hahn kräht, wirst du mich dreimal verleugnet haben."
Jesus war immer noch im Haus des Hohepriesters Kaiphas. Die ganze Nacht über hatte man ihn dort verhört – bis zum Morgen.

Jesus stirbt am Kreuz

Matthäus 27,11-60

Jesus wurde zum römischen Statthalter Pontius Pilatus gebracht. Er sollte über Jesus richten. Aber Jesus hatte nichts Unrechtes getan. Pilatus wusste nicht, welchen Verbrechens er ihn anklagen sollte. Aber wenn er Jesus freiließe, würde er damit die religiösen Führer verärgern. Also führte er Jesus der Menschenmenge vor, die sich vor dem Gebäude versammelt hatte.

„Ihr feiert gerade das Passahfest", rief Pilatus der Menge zu. „Da ist es Brauch, einen Gefangenen zu begnadigen. Wen also soll ich freilassen, Jesus oder den Verbrecher Barabbas?"

Einige in der Menge waren von den religiösen Führern bestochen worden.

„Lass Barabbas frei!", riefen sie.

„Aber was soll ich denn mit Jesus machen?", fragte Pilatus.

„Kreuzige ihn!", kam die Antwort. „Kreuzige ihn!"

Pilatus wusch sich die Hände. Dann ließ er Jesus auspeitschen. Die Soldaten setzten ihm eine Krone aus Dornen auf den Kopf und hängten ihm einen roten Mantel um die Schulter.

„Es lebe der König der Juden!", spotteten sie.

Jesus wurde gezwungen, sein Kreuz zum Ort der Hinrichtung zu tragen. Weil es so schwer war, fiel er unterwegs einige Male hin. Jemand anders musste es für ihn tragen. Dann wurde Jesus an das Kreuz genagelt.

Seine Mutter und einige seiner Freunde standen in der Nähe und weinten. Sie mussten zusehen, wie Jesus schließlich starb.

Am späten Nachmittag nahmen einige Freunde Jesus vom Kreuz und legten ihn in eine Grabhöhle. Vor den Eingang rollten sie einen großen Stein.

Jesus lebt!

Johannes 20,1-18

Am Sonntag, noch vor Sonnenaufgang, ging Maria Magdalena zur Grabhöhle. Sie wollte den Leichnam so einbalsamieren, wie es üblich war. Jesus war am Freitag gestorben, und so war nicht genug Zeit bis zum Sabbat geblieben, um alle üblichen Vorkehrungen zu treffen.

Als Maria zur Grabhöhle kam, war der große Stein vom Eingang weggerollt. Verwundert schaute Maria in die Höhle. Tränen liefen ihr übers Gesicht. Der Leichnam war nicht mehr da! Nur die Tücher, in die er gewickelt war, lagen zusammengefaltet am Boden. Plötzlich sah sie zwei weiß gekleidete Engel.

„Warum weinst du?", fragte einer von ihnen.

„Sie haben Jesus fortgebracht", antwortete sie. Maria drehte sich um. Hinter ihr stand ein Mann.

„Herr", sagte sie, „wenn du ihn weggebracht hast, sage mir doch bitte, wohin."

Der Mann sagte nur ein Wort: „Maria!"

Da erkannte Maria seine Stimme. Es war Jesus! Und er lebte.

„Geh zu den anderen", sagte er. „Erzähle ihnen, was du gesehen hast."

Schnell lief Maria zu den Freunden und erzählte ihnen, dass Jesus von den Toten auferstanden war.

Thomas kann es nicht glauben

Johannes 20,19-29

Die Jünger saßen hinter verschlossenen Türen zusammen. Sie hatten Angst, dass die Männer, die Jesus verhaftet und getötet hatten, auch ihnen Schlimmes antun würden.

Plötzlich stand Jesus mitten im Zimmer bei ihnen! Er begrüßte sie wie sonst: „Friede sei mit euch!" Dann zeigte er seinen Freunden die Wunden an seinen Händen und an seiner Seite. Alle staunten. Ihre Traurigkeit und Angst wichen großer Freude.

Nicht alle Jünger waren dabei, als Jesus zu ihnen kam. Thomas fehlte, und er wollte nicht glauben, was seine Freunde bei seiner Rückkehr erzählten.

„Wenn ich Jesus nicht selbst sehe, glaube ich nicht, dass er lebt."

Eine Woche verging. Da erschien Jesus plötzlich noch einmal bei seinen Jüngern. Wie beim ersten Mal waren alle Türen verschlossen. Trotzdem stand er mitten im Zimmer.

„Hier bin ich, Thomas", sagte er. „Lege deine Finger auf meine durchbohrten Hände! Gib mir deine Hand und lege sie in die Wunde an meiner Seite. Glaubst du jetzt, dass ich es wirklich bin?"

Thomas fiel auf die Knie.

„Herr, du bist es tatsächlich!", rief er.

„Du glaubst mir, weil du mich mit eigenen Augen gesehen hast, Thomas", sagte Jesus. „Später werden viele Menschen glauben, dass ich lebe, obwohl sie mich nicht sehen können. Wie glücklich sind sie zu schätzen!"

Jesus vergibt Petrus

Johannes 21,1-19

Die Jünger kehrten an den See Genezareth und zu ihrem Beruf zurück. Eines Nachts wollte Petrus fischen gehen.

Mit sechs weiteren Jüngern fuhr er auf den See hinaus, aber am frühen Morgen war ihr Netz immer noch leer. Als sie zum Ufer hinüberschauten, sahen sie einen Mann, der sie aus der Ferne beobachtete.

„Werft euer Netz auf der anderen Seite des Bootes aus", rief der Fremde.

Die Fischer zuckten mit den Schultern, machten aber, was er gesagt hatte. Und kaum hatten sie das Netz ausgeworfen, da war es zum Bersten mit zappelnden Fischen gefüllt. Die Männer konnten es kaum hinter dem Boot herziehen.

Da erkannten sie, wer der Mann am Ufer war.

„Es ist Jesus!", rief einer von ihnen. Petrus sprang gleich ins Wasser und schwamm ans Ufer.

Dort röstete Jesus schon Brot für das Frühstück über dem offenen Feuer.

„Bringt noch ein paar Fische mit", sagte Jesus. „Dann können wir gemeinsam essen."

Die Jünger zogen das Boot ans Ufer. Gemeinsam setzten sie sich ins frühe Morgenlicht und aßen.

Später sprach Jesus allein mit Petrus, der sich immer noch

schuldig fühlte, weil er Jesus in der Nacht seiner Verhaftung verleugnet hatte. Nun fragte Jesus Petrus gleich dreimal, ob er ihn liebe.

„Du weißt doch alles über mich", erwiderte Petrus. „Dann weißt du auch, dass ich dich liebe." Da bat Jesus Petrus, in Zukunft gut auf seine Freunde achtzugeben. Petrus spürte deutlich, dass Jesus ihm vergeben hatte.

Jesus kehrt zu seinem Vater zurück

Apostelgeschichte 1,1-11

Während der folgenden vierzig Tage besuchte Jesus seine Freunde mehrere Male. Sie wussten nicht, wann oder wo es geschehen würde, freuten sich aber, wenn er bei ihnen war. Jesus aß und unterhielt sich mit ihnen. Manchmal waren sie zu sehr vielen. Niemand zweifelte daran, dass Jesus am Kreuz gestorben war. Aber genauso wenig bezweifelten sie, dass er auferstanden war und lebte.

Etwas sehr Wichtiges musste Jesus ihnen noch mitteilen.

„Ich werde bald nicht mehr bei euch sein, denn ich muss zu meinem Vater im Himmel zurückkehren. Aber ich werde euch den Heiligen Geist schicken, damit er euch die Kraft gibt, allen, denen ihr begegnet, von mir zu erzählen. Sagt ihnen, wie ich gestorben bin, und erzählt ihnen vom Wunder meiner Auferstehung. Sorgt dafür, dass die Menschen überall auf der Welt erfahren, was ihr erlebt habt. Fürchtet euch nicht. Der Heilige Geist wird immer bei euch sein und euch helfen."

Eine Wolke zog auf. Sie hüllte Jesus ein, und als sie sich verzog, war Jesus fort. Er war zu Gott zurückgekehrt. Von nun an lebte er bei seinem Vater im Himmel.

Da erschienen den Jüngern zwei Engel.

„Gott hat Jesus aus eurer Mitte genommen", sagten sie. „Aber eines Tages kommt er wieder zurück auf diese Welt."

Die Kraft des Heiligen Geistes

Apostelgeschichte 2,1-47

Die Apostel, so hießen die Freunde von Jesus nun, wollten miteinander in Jerusalem das Pfingstfest feiern. Die ganze Stadt war voller Menschen. Viele von ihnen kamen aus weit entfernten Ländern. In den Straßen herrschte lautes, geschäftiges Treiben.

Die Apostel saßen in einem Haus beisammen. Plötzlich hörten sie ein Brausen vom Himmel und der Raum bebte. Ein starker Wind blies durch das ganze Haus. Blitze zerteilten sich und setzten sich wie kleine Flammen auf die Köpfe der Apostel. Sie spürten, dass der Heilige Geist zu ihnen gekommen war, so, wie Jesus es versprochen hatte. Sie fühlten sich wie neugeboren – als könnten sie jetzt alles schaffen, was Gott von ihnen erwartete.

Sie liefen hinaus auf die Straße, denn sie wollten unbedingt allen von Jesus erzählen. Bald hatte sich eine große Menschenmenge zusammengefunden. Petrus stellte sich vor sie hin.

„Erinnert ihr euch an Jesus, der uns von Gottes Liebe erzählt hat? Wisst ihr noch, wie er die Menschen gesund machte? Dann habt ihr sicher auch nicht vergessen, dass ihr ihn wie einen gewöhnlichen Verbrecher ans Kreuz gebracht habt. Jetzt ist die Zeit, Gott zu sagen, wie leid euch das alles tut", rief Petrus. „Jesus ist zwar gestorben, aber er ist auch auferstanden. Er lebt! Er lädt alle ein, Gottes Freunde zu sein."

Die Menschen hörten zu. Und sie verstanden jedes Wort, egal, in welcher Sprache. Der Heilige Geist hatte dies möglich gemacht. An diesem Tag entschieden sich über dreitausend Menschen für Jesus und ließen sich taufen. Später nannte man sie Christen. Sie teilten alles, was sie besaßen, und halfen einander, wie Jesus es ihnen beigebracht hatte.

Das Wunder am Tempeltor

Apostelgeschichte 3,1-10

Petrus und Johannes gingen in den Tempel, um zu beten. Am Tor wurden sie von einem Mann aufgehalten, der nicht gehen konnte. Jeden Tag saß er dort und bettelte um Geld.

„Habt ihr ein paar Münzen für mich?", fragte der Mann. „Könnt ihr mir helfen?"

Petrus und Johannes sahen sich an. Dann schauten sie den Mann an.

„Wir haben kein Gold und kein Silber", sagte Petrus. „Aber wir können dir etwas Besseres geben. Jesus hat uns die Kraft gegeben, dich gesund zu machen. Steh auf! Du kannst wieder gehen!"

Der Mann stellte sich hin. Es stimmte! Er konnte gehen. Außer sich vor Freude lief der Mann umher und machte Luftsprünge. Begeistert erzählte er der zusammengelaufenen Menschenmenge, dass Gott ihn durch Petrus und Johannes geheilt hatte.

Im Gefängnis

Apostelgeschichte 3,11 - 4,22

Ein Wunder war geschehen! Die Nachricht verbreitete sich wie ein Lauffeuer.

Die Priester, der Hauptmann der Tempelwache und andere religiöse Führer hatten kaum gehört, wie Petrus den Menschen erklärte, dass Gott Jesus von den Toten auferweckt habe, da verhafteten sie Petrus und Johannes und steckten die beiden ins Gefängnis. Dort verbrachten sie die Nacht.

Doch viele hatten den beiden Aposteln zugehört und vertrauten darauf, dass Jesus gestorben war, um die Menschen von ihrer Schuld zu erlösen. Sie zweifelten auch nicht daran, dass Jesus auferstanden war und bei Gott im Himmel lebte. Und so gab es schon bald über fünftausend Christen, Frauen und Kinder nicht mitgerechnet.

Am folgenden Tag nahmen die religiösen Führer Petrus und Johannes ins Verhör. Doch die Priester hatten ein Problem: Zu viele Menschen hatten mitbekommen, dass ein Mann, der vierzig Jahre lang gelähmt gewesen war, plötzlich laufen konnte. Ein solches Wunder konnte man nicht einfach abstreiten, und deshalb mussten die Apostel freigelassen werden. Doch ihnen wurde strikt verboten, weiter von Jesus zu erzählen.

„Was sollen wir tun?", erwiderten sie. „Sollen wir euch gehorchen oder Gott? Begreift doch, dass wir nicht anders können, als immer und überall von Jesus zu erzählen?"

Stephanus

Apostelgeschichte 7,54 - 8,1

Es gab inzwischen so viele Christen, dass die Apostel Männer bestimmen mussten, die sich um die Versorgung der Leute kümmerten.

Stephanus war einer von ihnen. Er hatte viele Talente. Er konnte Kranke heilen wie der Apostel Petrus. Er kümmerte sich liebevoll um diejenigen, die in Not waren. Er erzählte begeisternd von Jesus und Gottes großer Liebe zu den Menschen. Aber das gefiel nicht jedem. Die führenden Männer des jüdischen Volkes waren sehr beunruhigt. Die Leute hörten nicht mehr auf sie. Die Gelehrten hatten angenommen, dass die Menschen Jesus und seine Lehren von Gott vergessen würden, nachdem er am Kreuz gestorben war. Aber da irrten sie sich. Die Christen wurden immer mehr. Sie mussten aufgehalten werden.

Eines Tages wurde Stephanus verhaftet und vor die Stadt getrieben. Aber er hatte keine Angst, wenn er auch wusste, dass seine Feinde ihn töten wollten. Er war bereit, für seinen tiefen Glauben an Jesus zu sterben.

Ein junger Mann namens Saulus beobachtete, wie Stephanus von den aufgebrachten Leuten gesteinigt wurde. Saulus liebte Gott von ganzem Herzen, aber die Christen hasste er. Deshalb wollte er nicht eher ruhen, bis sie alle im Gefängnis saßen und vernichtet waren.

Der äthiopische Finanzminister

Apostelgeschichte 8,26-39

Ein Engel schickte Philippus auf eine einsame Straße, die von Jerusalem nach Gaza führte. Dort traf Philippus einen Mann aus Äthiopien. Er war Finanzminister, fuhr in einem Wagen und las dabei laut aus einer Schriftrolle. Der Heilige Geist sagte zu Philippus: „Geh zu diesem Wagen und bleib in seiner Nähe." Da erkannte Philippus, dass der Äthiopier aus dem Buch des Propheten Jesaja vorlas.

„Verstehst du eigentlich, was du da liest?", fragte Philippus den Minister.

„Nein, aber kannst du es mir vielleicht erklären?", erwiderte der Mann.

Da stieg Philippus zu ihm in den Wagen und erklärte ihm alles, was Jesaja über Jesus, Gottes Sohn, verkündet hatte und was inzwischen geschehen war.

„Jesus wurde gekreuzigt", erklärte Philippus. „Als er am Kreuz starb, tat er es stellvertretend für alle Menschen, die Schuld auf sich geladen haben. Aber Gott hat Jesus wieder auferweckt. Jesus lebt! Und auch wir haben durch Jesus Zugang zum ewigen Leben. Er hat uns von unserer Schuld und vom Tod erlöst."

„Ich will auch zu Jesus gehören", sagte der Mann im Wagen. „Kannst du mich jetzt gleich in diesem Bach taufen?"

Gemeinsam stiegen die beiden ins Wasser und Philippus taufte den Äthiopier. Froh und glücklich reiste der Finanzminister in seine Heimat zurück.

Saulus trifft Jesus

Apostelgeschichte 9,1-25

Saulus sah, wie die Christen mit jedem Tag mehr wurden. Er reiste nach Damaskus, um sie aufzuspüren und ins Gefängnis zu sperren.

Unterwegs wurde er mitten auf der Straße plötzlich von einem hellen Licht geblendet. Wie aus dem Nichts kam eine Stimme, die ihn beim Namen rief:

„Saulus, Saulus, warum verfolgst du meine Freunde?"

Saulus geriet in Panik und er stürzte zu Boden.

„Wer bist du?", fragte er entsetzt.

„Ich bin Jesus", kam die Antwort. „Wenn du die angreifst, die mir nachfolgen, triffst du damit mich. Steh auf und geh in die Stadt. Dort wird man dir sagen, was du tun sollst."

Als Saulus aufstand, konnte er nichts mehr sehen. Seine Begleiter hatten die Stimme auch gehört, aber nichts gesehen. Sie führten Saulus nach Damaskus. Dort heilte Hananias, ein Christ, Saulus von seiner Blindheit.

Von diesem Tag an wurde alles anders für Saulus. Er war Jesus begegnet und wusste nun, dass er keine falschen Lehren verbreitet hatte, sondern der Sohn Gottes war und den Menschen von der Liebe seines Vaters erzählt hatte. Einige Tage blieb Saulus bei den Christen und ließ sich taufen. Von nun an nannte er sich Paulus.

Schnell machte sich Paulus die religiösen Führer der Juden zu Feinden. Er erzählte nämlich allen, was mit ihm geschehen war, und ermutigte sie, ebenfalls Christen zu werden. So gehörte auch er bald zu den Verfolgten. Doch Paulus' neue Freunde halfen ihm, vor den Feinden zu fliehen.

Die Vision

Apostelgeschichte 10,1-48

Es war Mittag und Petrus hatte Hunger. Er betete auf dem Dach eines Hauses in Joppe. Da sah er wie im Traum, dass vom Himmel ein Tuch zu ihm herabgelassen wurde. Darin waren Tiere aller Art. Dann hörte er eine Stimme, die ihn aufforderte: „Schlachte die Tiere und iss davon!"

Doch Petrus erkannte, dass einige von den Tieren für Juden wie ihn „unrein" waren. Er wusste, dass er sie nicht essen durfte. Deshalb antwortete er: „Das würde ich nie tun!"

Da hörte er die Stimme ein zweites Mal: „Widersprich Gott nicht! Wenn er sagt, dass etwas rein ist, dann ist es auch rein."

Petrus begriff nicht, was diese Vision zu bedeuten hatte.

Doch dann klopfte es an der Tür und Fremde fragten nach Petrus. Drei Männer waren vom römischen Hauptmann Kornelius zu ihm geschickt worden.

„Ein Engel hat dem Hauptmann gesagt, du hättest eine Botschaft für ihn, Petrus. Er lädt dich ein, ihn zu besuchen."

Petrus wurde im Haus des Hauptmanns freudig begrüßt. Er sah, dass Kornelius an Gott glaubte und ein guter Mensch war. Mit einem Mal verstand Petrus die Vision, die er auf dem Dach gehabt hatte.

„Gottes Liebe gilt nicht nur dem jüdischen Volk", erklärte Petrus Kornelius. „Bei ihm ist niemand unrein, und er weist niemanden ab. Gott will, dass alle Menschen seine Vergebung erfahren und zu seiner Familie gehören – Menschen aus allen Nationen der Erde."

Petrus taufte Kornelius, dessen Familie und Freunde. Sie alle wurden Christen.

Flucht aus dem Gefängnis

Apostelgeschichte 12,6-19

Es war gefährlich, ein Christ zu sein. Stephanus hatte man schon getötet und auch Jakobus musste für seinen Glauben sterben. Aber davon ließen sich die Christen nicht aufhalten, am wenigsten Petrus.

Er wurde verhaftet. König Herodes hoffte, dass eine öffentliche Gerichtsverhandlung andere abhalten würde, Christ zu werden. Er ließ Petrus in schwere Ketten legen und streng bewachen.

Das machte den Freunden von Petrus Angst. Sie trafen sich und beteten zu Gott, er möge ihnen helfen. Gott erhörte ihre Gebete und schickte in der Nacht einen Engel in die Gefängniszelle.

„Schnell!", sagte der Engel zu Petrus. „Wach auf, zieh dir Schuhe und Mantel an."

Petrus konnte kaum glauben, was da geschah. Er stand auf und spürte, wie die Ketten von seinen Hand- und Fußgelenken fielen. Schwere Türen öffneten und schlossen sich wieder, sodass er ganz unbehelligt aus dem Gefängnis gehen konnte. Bald hatte er die schlafenden Wachen hinter sich gelassen und stand mit dem Engel auf der Straße. Er lief zum Haus seiner Freunde und klopfte an die Tür.

Das Dienstmädchen Rhode öffnete ihm. Doch sie war so erstaunt, Petrus zu sehen, dass sie ihm die Tür vor der Nase zuschlug und den Freunden außer sich vor Freude berichtete, dass Petrus gekommen sei! Erleichtert ließen die Freunde Petrus herein. Und sie dankten Gott, dass er ihre Gebete erhört hatte.

Paulus und Silas

Apostelgeschichte 16,1-36

In den folgenden Jahren bereiste Paulus viele Länder und erzählte überall von Jesus. Er wusste, dass Jesus das Leben der Menschen verändern konnte. Paulus heilte Kranke und sprach davon, wie sehr Gott die Welt liebte.

Viele Menschen hörten Paulus begeistert zu und wurden Christen. Sie gründeten neue Gemeinden. An anderen Orten aber war Paulus nicht willkommen. Er wurde davongejagt. Oft wurde er überfallen und geschlagen, doch nichts hielt ihn davon ab, über Jesus zu sprechen.

In Philippi erging es Paulus und seinem Freund Silas besonders schlimm. Unter höchster Sicherheitsstufe wurden die beiden ins Gefängnis geworfen. Ihre Füße wurden in einen Holzblock gelegt. Man hatte sie geschlagen. Sie bluteten und alles tat ihnen weh. Trotz dieser schlimmen Lage begannen sie Loblieder zu singen. Die anderen Gefangenen konnten sie durch die Mauern hören und wunderten sich sehr.

Da geschah ein Wunder. Ein Erdbeben erschütterte Philippi. Das Gefängnis bebte und die Tore sprangen auf. Allen Gefangenen fielen die Ketten ab. Der Gefängniswärter sah sie im Geiste schon fliehen und wollte sich das Leben nehmen, weil er seine Pflicht nicht erfüllt hatte. Doch Paulus rief ihm zu: „Tu dir nichts an! Wir sind alle hier!"

„Was muss ich tun, damit ich gerettet werde?", fragte da der Aufseher.

„Glaube an Jesus", antwortete Paulus. „Dann wirst du mit deiner Familie gerettet."

Der Aufseher nahm Paulus und Silas mit zu sich nach Hause. Er ließ ihre Wunden versorgen. Dann wurde er zusammen mit der ganzen Familie getauft.

Schiffbruch

Apostelgeschichte 24,1 - 28,31

Das Leben von Paulus schien nur noch aus Verhaftungen und Freilassungen zu bestehen. Die jüdischen Führer nannten ihn einen Unruhestifter, der überall, wo er hinkam, für Ärger sorgte. Es gab Mordanschläge auf ihn und einmal ließ man ihn ohne Gerichtsverhandlung zwei Jahre lang im Gefängnis sitzen. Dabei wollte er doch nur den Menschen von Gottes Liebe erzählen!

Schließlich wandte sich Paulus an den römischen Statthalter Festus. Er wollte vom Kaiser persönlich angehört werden, denn Paulus war römischer Bürger. Festus billigte Paulus dieses Recht zu und schickte ihn nach Rom.

Paulus machte sich für die Seereise bereit. Seine Freunde Lukas und Aristarchus begleiteten ihn. Aber ihr Schiff geriet in einen heftigen Sturm. Alle Gefangenen und die Aufseher fürchteten um ihr Leben. Doch ein Engel verriet Paulus, dass Gott sie retten werde.

Schließlich lief das Schiff vor der Küste von Malta auf Grund und alle Passagiere gelangten sicher ans Ufer. Die Bewohner der Insel kümmerten sich um sie. Drei Monate lang blieben die Schiffbrüchigen dort. Paulus nutzte die Zeit, um Kranke zu heilen und von Jesus zu erzählen.

Endlich erreichte Paulus Rom. Dort wurde er unter Hausarrest gestellt. Zwar wurde er gut bewacht, kam aber nicht mehr in eine Gefängniszelle. Er durfte

Besuch empfangen und konnte den Menschen in Rom alles über Jesus erzählen. In dieser Zeit schrieb Paulus Briefe an die Christen der vielen Gemeinden, die auch durch seine Reisen entstanden waren.

Johannes in Patmos

Offenbarung 1-22

Paulus war nicht der einzige Apostel, der eingesperrt wurde, weil er an Jesus glaubte. Auch Johannes hatten die Römer auf der Insel Patmos im Ägäischen Meer festgesetzt.

Trotzdem hielt Johannes weiter treu zu Gott. Eines Tages hatte er eine Vision. Jesus gab ihm eine Botschaft für die Christen in sieben neuen Gemeinden. Doch in dieser Vision sah Jesus nicht aus wie der Zimmermann aus Nazaret oder der Prediger, den Johannes vor langer Zeit gekannt hatte. Er kam auch nicht in der Gestalt des Gekreuzigten oder Auferstandenen. Vielmehr trug Jesus ein langes weißes Gewand und strahlte wie die Sonne. Er sah aus wie Gott selbst. Ehrfürchtig fiel Johannes vor ihm auf die Knie.

„Ich bin das Alpha und das Omega, Anfang und Ende", sagte Jesus. „Ich war tot, aber jetzt lebe ich und werde nie wieder sterben."

Dann trug Jesus Johannes auf, an die Christen in allen Gemeinden zu schreiben und sie zu ermutigen durchzuhalten – selbst dann, wenn sie wegen ihres Glaubens verfolgt würden. „Bald wird das Gute das Böse besiegen und alle, die Leid erfahren mussten, werden für alle Zeit mit Gott in einer wunderbaren neuen Welt leben", sagte Jesus.

„Es wird keinen Schmerz und kein Leid mehr geben, keinen Tod und kein Sterben, keine Tränen und keine Traurigkeit. Ich werde alle mit Freude aufnehmen, die zu mir kommen und um Vergebung bitten. Sie werden für immer bei mir im Himmel wohnen."